RÉPONSE

DU GÉNÉRAL

ROCHAMBEAU,

A L'ARRETÉ

DES AGENS PARTICULIERS

Du Directoire Exécutif, à St.-Domingue.

A BORDEAUX,

De l'Imprimerie de Noé, rue de la Devise St-Pierre, n° 8.

RÉPONSE
DU GÉNÉRAL ROCHAMBEAU,
A L'ARRETÉ DES AGENS PARTICULIERS
Du Directoire Exécutif, à St. — Domingue

CE n'est qu'après trois mois et demi de séjour dans cette ville que j'ai pu obtenir de connoitre les motifs de ma destitution, du commandement en chef de la partie espagnole de St-Domingue, prononcée par les agens particuliers du Directoire Exécutif dans cetre Colonie. Jaloux de mériter l'estime du gouvernement, et celle de tous les Français, j'ai dû répondre à cette pièce mensongére, et lui donner la plus grande publicité, afin que chacun puisse juger ma conduite à St-Domingue, et les effors que j'ai faits pour sauver cette Colonie précieuse.

RÉPONSE
Du général Rochambeau.

(1) On a pu voir la manière dont les *agens particuliers du Directoire* opèrent le salut de la Colonie, en laissant égorger les blancs dans la partie du *Sud* et dans celle du *Nord.*

EXTRAIT *du régistre des délibérations de la Commission déléguée par le gouvernement français aux Isles - Sous - le - Vent.*

« *Au Cap*, le 30 Messidor, an 4 de la République « française, une et indivisible.

» La Commission, considérant que res-
» ponsable envers la France du salut de la
» Colonie de *St-Domingue* (1)

.... « Elle ne peut, et ne doit y maintenir
» dans les emplois civils et militaires, que
» des hommes sur le républicanisme des-
» quels elle puisse entièrement se reposer. (2)

.... » Que si dans la situation actuelle de
» cette Colonie, de simples soupçons l'au-
» torisent à en éloigner ceux qui en seraient
» l'objet, de toutes fonctions publiques,
» elle doit à plus forte raison se montrer
» sévère, lorsque les soupçons ont acquis
» un degré de certitude et de conviction. (3)

.... » Considérant que la conduite tenue
» par le *général Rochambeau*, depuis son ar-
» rivée à St-Domingue, a constamment été
» marquée au coin de l'incivisme, de l'in-
» subordination, et du mépris le plus ou-
» vert pour la première autorité déléguée
» par la France. (4)

(2) On va juger s'il est possible de comp-
ter sur les vertus civiques et le républicanisme des hommes employés par les *agens*.

Je citerai le citoyen *le Borgne* leur dé-
légué, l'un des auteurs des assassinats de
de la partie du Sud de la Colonie, que
j'ai expulsé des *Isles-du-Vent*, pour les vols
qu'il y a commis.

Idelinger trop malheureusement connu
pour lui dans les places de commerce de
France.

Bellegarde qui a vendu son poste aux
Anglais, et déserté les drapeaux de la République, au second siège de *la Martinique*.

Ceriꝫier, assassin du capitaine de vaisseau
Macnemara à *l'Isle-de-France*.

Enfin tant d'autres que je pourrais nom-
mer. Les deux derniers sont les *aides-de-
camp* du citoyen *le Blanc*.

(3) Il faut donc *prouver* le délit *présumé*,
car la certitude ne peut naître que d'une
preuve, et j'ai réclamé depuis long-tems la
justice du *Directoire* pour le faire juger.

(4) Si de chercher sans cesse les moyens
de servir utilement son pays, de suporter
sans murmure toutes les privations comme
le soldat, de laisser ses appointemens
(dont à présent je n'ai pas encore reçu un
écu) pour le payer, c'est de *l'incivisme*,
j'en suis coupable.

Si de manger à la table somptueuse des
agens *la demi-ration* à laquelle nous étions
réduits, de n'y boire que du *rhum* et de
l'eau, qu'on nous donnait au lieu de *vin*,
c'est *de l'insubordination*, j'en fais gloire.

Le soldat souffrait ; j'avais l'honneur d'être son chef ; je lui devais l'exemple de la patience ; je n'y ai jamais manqué.

J'ai toujours dit et mandé *au ministre de la Marine et des Colonies*, ainsi qu'aux agens eux-mêmes, que *je respectais leur caractère public*, mais que je méprisais souverainement quelques uns d'eux, notamment le citoyen *Leblanc*, qui employa un tems considérable à me persuader qu'il fallait beaucoup de voleurs dans l'administration de *St-Domingue*. (J'ai rendu compte de ce fait au ministre de la Marine).

(5) Le fait avancé est faux. La manière dont j'ai obéi aux arrêtés des agens, prouve et ma soumission, et les égards que je portais à leur autorité.

(6) Je n'avais jamais oui dire qu'un *général en chef* eut besoin de *congé* pour aller reconnaitre l'ennemi. J'avais cependant prévenu *Santhonax* de mon départ.

(7) J'étais au *Port de-Paix*, lorsque le *général de brigade Pageot* reçut la nouvelle de la prise de ce quartier : je n'aurais même jamais parlé de sa reprise , si je n'étais attaqué sur un fait qui m'honore.

C'est moi qui, après avoir fait toutes les reconnaissances sur *Bombarde*, et même sur les retranchemens du *Môle St Nicolas* , pour reconnaitre la place de plus près, ai tracé au *général de brigade Pageot*, le plan qu'il avait à suivre pour reprendre ce poste

.... » Que loin de donner à tous les » citoyens l'exemple de la soumission et » des égards envers cette autorité , il s'est » en quelque sorte annoncé comme le point » de ralliement de ceux qui voudraient » l'insulter et l'avilir ; que toutes ses actions, » tous ses discours publics et particuliers » ont été dirigés vers ce but criminel. (5)

...... » Qu'après s'être permis d'aller sans » congé, sans mission, sans même aucune » espèce d'autorisation, parcourir différen- » tes places et plusieurs postes militaires. (6)

.... » Dont il a distrait le commandant » au moment même où les Anglais pre- » naient *Bombarde*. Il est rentré *au Cap* » sans en instruire la Commission , sans lui » faire aucun rapport, sans daigner même » lui rendre aucun de ces devoirs que la » bienséance eut exigés. (7)

.... » Que lors des fêtes républicaines qui
» ont eu lieu *au Cap*, il s'en est absenté
» avec tout son état major, ou n'y a paru
» que pour braver les délégués du *gou-*
» *vernement français* dans l'exercice même
» de leurs fonctions, ridiculiser publique-
» ment leur sensibilité, les cérémonies ré-
» publicaines, et les cris de *vive la Ré-*
» *publique*! (8)

important. C'est en présence de *Delair* et
de *Levasseur*, excellens officiers, déportés
par ordre des agens, je ne sais trop pour-
quoi, que je fis ce plan.

C'est à ma sollicitation que les comman-
dans des *Gonaïves* et du *Gros Morne*, ont
envoyé des renforts à *Pageot*. Le *général La-*
veaux est en France. Il connait tous les
faits que je viens d'avancer.

J'avais aussi donné à *Toussaint l'ouver-*
ture, le plan d'attaque de *Saint-Marc* que
j'avois reconnu à portée de fusil : *Laveaux*
en a connaissance, je lui avais tout com-
muniqué; mais je me suis gardé d'en faire
part aux agens : l'expérience m'avait prouvé
qu'ils ne savaient pas garder un secret, car
le *plan de campagne du Directoire Exécu-*
tif, était entre les mains des femmes pas-
sagères à bord du *Watigny*, au moment de
notre arrivée *au Cap*.

(8) Pendant mon séjour *au Cap*, on n'y
a célébré que deux fêtes : j'ai *assisté à toutes*
deux. La première fut l'entrée triomphale
des agens, le lendemain de leur arrivée *au*
Cap. La deuxième le 14 Juillet; il est aisé
sans doute de *calomnier*, mais je répons que
personne n'osera me soutenir, ni ne pourra
prouver, m'avoir *jamais entendu ridiculiser*
les cérémonies républicaines et les cris *vive*
la république. Mais il est vrai que j'ai été
indigné de voir les agens souffrir que de
jeunes personnes les couvrissent de fleurs,
en chantant des hymnes à leur louange.

On a encore célébré *au Cap* une fête
publique à la mémoire de *Polverel*, à laquelle
les agens ont assisté en corps. *La loi n'or-*
donnait point cette fête, je n'y ai pas paru.

Je mésestimais *Polverel*........ Et voilà ce que les agens appellent *ridiculiser leur sensibilité*.

(9) Je ne m'attendais pas, je l'avoue, que *les agens particuliers du Directoire Exécutif* attaqueraient les officiers que j'avais sous mes ordres : je vais les faire connaitre.

Le général de brigade Mirdonday, chef de l'Etat-major, qui la dernière guerre avait servi en cette qualité sous les ordres du *Bailli de Suffren*. Il est couvert de blessures, et a parfaitement servi dans la guerre de la *Vendée*.

Le chef de Brigade Panisse, mon aide-de-camp, a servi avec distinction à la *Martinique*, durant les deux siéges que cette Colonie a supporté : il y a reçu deux blessures.

Le chef de bataillon *La Houssaye* mon aide-de-camp, à servi en cette qualité au premier siége de *la Martinique*. Je l'avais envoyé en France porter mes dépêches au gouvernement, annoncer les succès des patriotes aux Antilles, et demander des se-

.... » Qu'entouré d'hommes qui, presque
» tous, affichent hautement la haine du
» gouvernement républicain, avilissent par
» leurs propos la France et le gouverne-
» ment français, il a constamment autorisé
» et même ennouragé leurs propos injurieux
» contre les délégués de ce gouvernement ;
» que non content d'avoir permis qu'un
» de *ses agens* vint jusqu'au sein de la Com-
» mission insulter un de ses membres, et
» fit ensuite de cette démarche scanda-
» leuse une espèce de trophée public ; il l'a
» sanctionné lui-même par sa conduite, en
« écrivant à la Commission la lettre la
» plus indécente et la plus irrespec-
« tueuse. (9)

cours pour les assurer. Il fut mis en prison; c'étoit sous le règne de la terreur. Depuis sa sortie des prisons, il a servi sous les ordres du brave *Dugomier* à l'armée des Pyrénées-Orientales, en qualité d'adjoint aux adjudans-généraux; il en a les certificats les plus honorables.

D'Avenne et *Simon, mes aides de camp*, ont servi avec distinction à *Sainte-Lucie* sous les ordres du *général Ricard*. Ils y ont supporté le fardeau du jour.

Bragelongne mon aide-de-camp, a fait la guerre dans la *Vendée* comme ai-de-camp du *général Canclaux* son oncle.

Roch, homme de couleur, *mon aide-de-camp*, a eu le poignet emporté par un boulet de canon au deuxième siège de la *Martinique*, ou il a servi avec la plus grande distinction.

Voilà les hommes dont j'étais entouré, que l'on accuse de *haïr le gouvernement, et de l'avilir par des propos injurieux*.

Je n'avais point *d'agens* ni de *délégués*, n'étant pas moi même, *agent du Directoire exécutif.*

J'avois demandé à ceux-ci le jugement du citoyen *Paulin Goy*, qu'ils avaient fait arrêter pour avoir demandé au citoyen *Le Blanc*, l'explication du mot barbare et inconnu *Baulbinocrate*, dont il s'étoit servi en énonçant une opinion personnelle.

Paulin Goy étoit le secrétaire de *l'etat-major de l'armée de la partie Espagnole*. Ce brave jeune homme avait servi avec honneur à l'armée des Pyrénées-Orientales, dans un des bataillons des chasseurs de la *Gironde*.

J'ai fait connaître aux agens dans la lettre

dont ils se plaignent, mon respect pour leur *caractère public* et le peu d'estime que j'avais pour quelques uns d'eux, comme *hommes privés*. (Cette lettre est dans les archives de la commission des Colonies.)

(10 Ce fait est si ridicule qu'il le serait encore plus de le refuter.

(11) Cette imputation joint au ridicule, l'atrocité la plus calomnieuse.

Les nouveaux malheurs de *Saint-Domingue*, ne datent que depuis mon départ de cette Colonie, et depuis la présence des délégués des agens dans les différentes parties de cette Isle malheureuse. J'avais prédit nombre de fois à ces agens, ce qui devait arriver, *de leur conduite, du choix de leurs délégués, du luxe qu'ils étalaient, au milieu de la misère affreuse qui désolait la Colonie* (je l'avais mandé dans toutes mes lettres au ministre de la Marine, elles feront foi) *des fausses mesures qu'ils prenaient, des préférences marquées qu'ils accordaient aux assassins des blancs, et à ceux qui disaient qu'il ne fallait plus de propriétaires* etc.

Les agens n'ont *jamais voulu suivre* les conseils, que, guidé par l'amour de mon pays, le désir de remedier aux maux que je prévoyais, je leur ai donné *avec force*, et

.... » La Commission considérant que « toutes ces circonstances annoncent au » moins de la part du *général Rochambeau* « le dessein non équivoque de rivaliser de » pouvoir avec elle (10).

.... « Que c'est de cette lutte scan- » daleuse élevée entre l'autorité civile et » militaire, que sont résultés tous les maux » qui ont affligé cette Colonie; que les » ruines encore fumantes du *Cap*, attestent « les crimes de *Galbaud*, dont le *général* » *Rochambeau* n'a que trop bien copié » jusques ici les manières, et affecté les » prétentions. (11)

sur-tout sans flatterie, ce qu'ils appellent *lutte scandaleuse*. Je le répète, ma correspondance officielle et les évènemens feront foi.

Effrayés de ma franchise, sachant bien que je n'adopterais jamais leurs principes, ils m'ont *destitué* et *déporté* : j'ai obei avec le respect que je porte à l'autorité de qui ils tiennent celle dont ils abusent.

Ils ont voulu me faire supposer coupable, en m'assimilant au *général Galbaud* que *Polverel et Sonthonax* ont accusé d'avoir fait incendier le *Cap*.

Je ne connais pas *Galbaud*, n'ai *jamais eu aucune relation avec lui*; mais à la honte éternelle des commissaires civils, c'est ici le moment de rendre hommage à la vérité.

Il n'y a eu que les quartiers défendus par *Galbaud*, qui n'ont pas été brûlés, le feu fut mis *au Bac de la Fossette*, à l'extrêmité de la ville, par *les troupes attachées aux commissaires au moment où la retraite de Polverel* et *Sonthonax de ce quartier occupé par eux, en laissa la possibilité.*

Plus heureux que les agens, il me reste la certitude d'avoir tout fait pour tâcher d'opérer le bien, de n'avoir ni ordonné ni souffert aucun massacre, d'avoir au contraire brisé les fers, et adouci le sort de beaucoup de malheureux, et d'avoir été honoré des regrets de la Colonie que l'on m'a forcé de quitter.

Sur ma conduite, sur les fait que j'avance, il n'est presque pas un habitant de ce pays infortuné dont je n'ose hautement réclamer le témoignage.

(12) Ma conduite eut été celle que j'ai tenu toute ma vie, fidèle à l'honneur, à mes devoirs, à mon pays, à la justice, à l'humanité : redoutable seulement aux scélerats, aux dilapidateurs; enfin aux ennemis de tout genre de leur patrie.

(13) Le fait est faux : je n'ai jamais été désigné pour être gouverneur de la partie ci-devant Espagnole. J'étais nommé *général en chef* par le *Directoite Exécutif*, et je n'ai jamais parlé, ni agi qu'en cette qualité.

(14) Ridicule et calomnieuse imputation ! *ridicule*, puisque les pouvoirs des agens étant illimités, et s'étendant sur la totalité de l'Isle, *moi général en chef en mission spéciale dans la partie Espagnole*, je ne pouvais jamais m'en croire indépendant. Je leur devais *des comptes, des rapports sur l'état de mon commandement* etc.; *calomnieuse* parce que je n'ai jamais rien dit qui tendit à manifester ces sentimens.

..........." Considérant encore que cette con-
" duite tenue sous ses yeux même par le
" *général Rochambeau*, doit lui faire pres-
" sentir celle qu'il tiendra loin d'elle,
" et quand il sera rendu dans la partie ci-
" devant Espagnole de *St.-Domingue*. (12)

..............." Dont il se nomme déjà le
" gouverneur. (13)

........." Que dédaignant même de dissi-
" muler ses intentions et ses projets à cet
" égard, le *général Rochambeau* annonce
" que dès qu'il sera en possession de son
" gouvernement il n'aura plus rien à dé-
" mêler avec cette commission, dont il
" brûle de se voir indépendant. (14)

C

.... » Qu'il prétend même lui et les
» siens avoir reçu du gouvernement fran-
» çais des ordres secrèts et des instructions
» particulières. (15)

.... » Que déjà il se flatte d'entretenir
» une correspondance suivie avec la no-
» blesse, l'évêque, et le clergé de *Sto-Do-*
» *mingo*, qui tous lui promettent une recep-
» tion digne de son rang et de ses prin-
» cipes. (16)

.... » Que son arrivée à *Sto.-Domingo*
» est l'objet des vœux et de l'espoir des
» émigrés nobles, et grands colons ; dont
» plusieurs, les royalistes les plus effrénés,
» portent constamment la cocarde blan-
» che, et le deuil de *capet dernier*, avec les-
» quels il a vécu dans la plus grande in-
» timité pendant un an et demi qu'il est
» resté aux *Etats-unis*, sont déjà rentrés
» dans la partie Espagnole, et dont un plus
» grand nombre encore, se prépare à y
» débarquer sitôt qu'on aura la certitude

(15) Si le gouvernement m'avait communi-
qué des instructions secrètes, certes je n'en
aurai fait part à personne, et mes aides-de-
camp même, ignorent si le ministre de la
Marine a eu cette confiance en moi.

(16) Ceci est aussi probable que les ac-
cusations que quelques journalistes ont fait
contre le *citoyen Carnot*, *d'avoir livré aux*
ennemis, *l'armée de Rhin et Mozelle*, lors
de la belle retraite de cette armée du *Da-*
nube sur le *Rhin*.

On sait très-bien d'ailleurs que *l'Arché-*
vêque de Sto - Domingo, *et son clergé*
étaient partis pour *la Havane* lorsque j'ar-
rivai *au Cap*.

(17) Ce n'étaient point les émigrés ni les royalistes qui attendaient mon arrivée à *Sto-Domingo*, mais bien les propriétaires de *St-Domingue* qui se sont refugiés aux *Etats-unis*, lors de l'incendie de la partie Française, et ceux des Isles du Vent qui y ont été déportés par les Anglais lorsqu'ils s'emparèrent de ces belles possessions. Oui, j'ai vu avec intérêt ces hommes dont les malheurs doivent exciter la sensibilité de tout être pensant. Ce sont ceux là seuls avec qui j'ai eu des relations pendant mon séjour aux *Etats-unis*.

Au reste ma conduite durant les deux siéges de la *Martinique*, aurait dû se me semble répondre seule et victorieusement, à cette absurde imputation de *Monsieur le Blanc ancien garde de la Marine*.

(18) Je prens acte de cette déclaration et somme le Citoyen *Giraud* l'un des *agens du Directoire*, et qui est maintenant en France de produire ces renseignemens, et sur-tout les preuves materielles des délits qui me sont imputés, et je le défie lui et ses collégues d'en produire aucunes.

» que *monsieur de Rochambeau* en aura pris
» possession. (17)

…… » Que la Commission a reçu des
» renseignemens qui ne lui permettent plus
» aucune espèce de doute à cet égard ;
» que ces dispositions bien connues doi-
» vent lui inspirer des craintes trop fon-
» dées sur les suites funestes qu'elles peu-
» vent avoir pour la *Colonie* et *la Répu-*
» *blique*. (18)

……. » Considérant enfin qu'il serait trop
» tard de s'opposer aux vues ambitieuses
» et inciviques du *général Rochambeau* lors-
» qu'il aurait en son pouvoir tous les moyens
» d'en assurer le succès ; que la prudence,
» le salut de la Colonie, exigent d'arrêter
» dès leur principe les progrès d'un parti
» qui déjà se forme sous son nom , et
« qui grossi par les émigrés colons, les
» fanatiques, les mécontens, enfin par les
» ennemis de la République, et les factieux
» de tous les genres, renoùvellerait dans
» cette Colonie toutes les horreurs dont la

>> *Vendée* nous a présenté l'affreux ta-
» bleau. (19)

.….. » D'après toutes ces considérations et
» beaucoup d'autres qu'elle se reserve de
» déduire en tems et lieu. (20)

(19) Il eut été à la vérité trop tard pour les délégués des agens de travailler le pays en finance comme ils le projettaient, lorsque j'en aurais pris possession.

Il est bien satisfaisant pour moi de pouvoir dire que tous les propriétaires de ce pays nouvellement cédé à la France, attendaient mon arrivée sans crainte, et avaient confiance dans mon administration qu'ils avaient pu juger lorsque j'étais gouverneur de *St.-Domingue* en 1792. Ils ont fui en partie depuis qu'ils se sont vus mé-macés des dilapidateurs que rien ne contiendrait, et aujourd'hui la France n'a pu prendre possession d'un pays qui lui est cedé par les traités.

Au reste à ces absurdes imputations, je ne répondrai qu'en renouvellant au Citoyen *Giraud* ma sommation de produire les *preuves*.

Je ne puis m'empêcher de faire ici une observation sur les guerres de la *Vendée* et de *St.-Domingue*, la guerre de *St.-Domingue* est celle des non propriétaires contre les propriétaires légitimes, et celle de *la Vendée* la guerre des royalistes et des fanatiques contre les républicains. Elles ne peuvent être assimilées ni dans leurs causes ni dans leurs effets.

(20) Ou, les preuves ont déjà été envoyées au gouvernement ; et alors je demande qu'elle me soient communiquées : où, elles ont été apportées par le Citoyen *Giraud*, et alors je le somme de les produire. Il en est tems car je désire enfin me montrer au grand jour, le plutôt possible et sur-tout d'éclairer la réligion du *Directoire* trompé.

(21) La commission avait elle le droit de me destituer, *étant chargé d'une mission spéciale et importante par le Directoire* lui-même.. *Je ne le crois pas ;* mais ce n'est qu'a présent que je me permets cette question. Je protestai, mais me soumis à une destitution peut-être illégale, sûrement injuste.

Dtn. Rochambeau.

.... » La commission arrête que le *général* » *Rochambeau* est destitué de ses fonctions » de commandant en chef de la partie de la » Colonie de *St.·Domingue* ci-devant Espagnole, et que le présent arrêté lui sera » notifié dans le jour. (21)

» Signé au régistre des procès-verbaux *Giraud* président ; *le Blanc , Sonthonax* et *Raymond* commissaires ; *Pascal* secrétaire-général.

Aussitot que mon aide-de-camp *Panisse* m'a fait passer l'arrêté ci-dessus, qu'il tenait du président de la *Commission des Colonies* ; j'ai du travailler à l'éclairer.

Je répons par des faits que je m'engage de justifier. J'ai eu je l'avoue besoin de force pour faire trêve à l'indignation qui m'a saisi à la lecture de cet absurde *arrêté*.

Destitué , déporté. Voilà le prix de quatre années d'une conduite (j'ose le dire) irréprochable, et souvent utile à ma patrie.

Pour récompense des privations que je me suis imposées, des peines de tout genre inséparables d'une administration aussi agitée que la mienne, pour prix d'avoir voulu conserver à mon pays la plus utile de ses Colonies ; je suis déchiré, calomnié par des hommes qui abusant du pouvoir qui leur est confié, trompent le gouvernement : ont détruit ou laissé détruire cette Colonie, en ont fait fuir les propriétaires pour envahir leurs possessions, ont couvert de cendres et de décombres ce malheueux pays, et sont enfin parvenus au point d'être divisés entr'eux, de se dénoncer mutuellement, de n'avoir plus ni généraux ni officiers, d'être même sous le couteau des Africains qu'ils ont armés, et ne peuvent contenir ; enfin que leur nom ne soit prononcé qu'avec l'horreur qu'ils nspirent à l'Europe entiere.

Je déclare que tout sera mis par moi au plus grand jour. Je produirai toutes les pièces, ma correspondance officielle et confidentielle, je ne tairai rien.

Je déclare que la Colonie a pu être sauvée, et que j'en ai fourni les moyens aux *Agens*. Qu'elle pourrait l'être encore en y employant des soins et des moyens puissans.

Je déclare enfin, que les seuls et vrais motifs de ma destitution et de ma déportation sont, le refus formel que j'avais fait d'emmener avec moi dans la partie Espagnole des délégués connus par la plus extrême immoralité; la certitude que je ne souffrirais ni pillage, ni massacre, ni incendie, que je punirais les dilapidateurs, protegerais les propriètaires, et utiliserais enfin pour ma patrie, et non pour les agens ce beau pays. Ce sont là les principes que je m'honore d'avoir affiché hautement, et qu'ils appelent *incivisme, insubordination, mépris, lutte scandaleuse* etc. et voilà ce qui a opéré ma desitution.

J'ai demandé au *Directoire* d'être mis à un conseil de guerre, je ne cesserai de répeter ma demande afin que la France entière puisse juger.

Dtn. Rochambeau.

P. S. C'est avec une extrême satisfaction que je n'ai pas vu *Roume* signataire de l'arrêté. Il était connu trop avantageusement comme un administrateur intégre, aux Isle-du-Vent, pour approuver la conduite de ses collegues.

Giraud, quoique président de la commission lors de ma destitution, ne doit pas être confondu je crois, avec les destructeurs de cette Colonie précieuse. C'est donc à regret que je l'attaque.

Dtn. Rochambeau.

Bordeaux le 9 Pluviôs, an 5e. de la République Française, une et indivisible.